성질머리하고는

박유빈

성질머리하고는

난다시편

시인의 말

성질머리를 깎아낼수록 민둥산이 되어갔다.

새치가 시처럼 자라난 때도 있었다.

처음 그것을 보았을 때 나는
그 보드라움 위로 엎질러지고 싶었다.

내가 좋아하는 두 가지가 담겼다.
첫, 그리고 시.

성질을 뜯어먹고 사는 뱃속의 여자가 내 안을 쓰다듬는다.

2025년 겨울

박유빈

차례

시인의 말   005

1부 조금 못된 화자가 나왔으면 한다

한국 여성들은 왜 꼭두새벽 비빔밥을 먹는가   010
쿨리와 나   012
좋은가   014
소리   017
땅콩 캐기   020
슬픈가   022
싶다   024
서러운가   027
생각과 관   030
죽자로 끝난 내 이름   034
재기   036

2부 시가 돌아온다면 몸을 고쳐서 올 것이고

코뿔소와 나   040
담기   043
디도   046
이름하고 싶어   050
감은 눈   053
쌍   056

등	058
백	060
지	062
날	065
리듬	068

3부 오방색은 펑크지

지목	074
산사와 나	076
벽	078
시도	080
산과 나	082
사이	084
쌓기	086
제리와 나	088
공과 나	091
없다	092
화원과 나	094

4부 늘 극복하는 아침이길 바랄게요

해변에서	098
찬	101
지금인가	104
공터에서	106
눈 두 덩이	110

무게	112
공원에서	115
곡	118
때	120
둥근	122
그런데도 해봅시다	125

박유빈의 편지	129
Why do Korean women eat bibimbap before cockcrow	
─ Translated by Min Ji Choi	133

1부
조금 못된 화자가 나왔으면 한다

한국 여성들은 왜 꼭두새벽 비빔밥을 먹는가

이것은 실화이자 로망. 새벽에는 참 좋다.

무엇이든지 목넘김이 즐겁다. 아무것도 하지 않은 한낮보다 개키지 못한 이불은 성마르게 습기를 머금는다.

어떤 것도 하지 못할 목마름. 나는 나물이 먹고 싶다. 그보다는

나물같이 후루룩 마셔버리는 게 낫겠다 싶은 거다.

기억

비빔의 효용성

우리는 정교한 거짓말을 사랑한다. 말이 그렇다는 거지

의미 없는 반찬들로 이루어진 암호화된 슬픔.

여기엔 늘 정성이 필요했다. 식별 불가한 숟가락질을 하면서도

여자들은 대체 왜 불 꺼진 주방 한구석에 쪼그려앉아

양푼을 끌어안고 있는 걸까.

이유에 도달할 수 없다.

나는 텔레비전에서 그런 장면을 본 뒤 오래된 문서를 찾아 힘겹게 해석에 들어갔다.

그냥 소설일지도 모르지만 자다 깬 새벽 세시쯤에 할 만한 시시콜콜함이다.

입이 심심할 때는 남자를 잡아먹는 상상을 한다. 입맛을 다시면서

권태

다채로운 자연의

꼭두

여자들의 입매가 매력적이던 것을 떠올린다. 불콰해서
보는 나까지 군침이 돌았다. 부끄러운 게 아니니까
참기름과 후라이까지만 용서한다. 더이상의 첨가는
비빔의 논리에 어긋난다. 해석하고 싶지 않다.
양 볼 가득한 무작위성 슬픔이 복호화 없이 목구멍으로
넘어간다.
숟가락을 멈출 수 없다. 페이지가 알아서 넘어가듯
나물처럼 암호들을 꿀꺽 삼켜버리는 게 낫겠다 싶은 거다.
기름져 때깔 좋은 암호들 그러니까 거짓말처럼
한술 더 떠진 뭉뚱그려짐이
새벽에는 참

좋다.

쿨리와 나

파괴를 가르치기 위해 나는 외쳤다 노다지! 노다지다!
정원사 무리에 껴서 쿨리는 다이너마이트를 들고 서 있다

그건 그냥 민들레일 뿐이야
시가를 꺼내 무는 쿨리의 얼굴이 무표정하다

서로에게 물을 끼얹고 놀곤 했었지
우리는 더럽혀졌고 실제로도 서로가 참 더럽다고 생각했다

함부로 정원에 손대지 말라고 정원사들이 호통쳤을 때
쿨리의 표정은 어땠는가

부끄럽다는 듯 두 뺨을 붉혔었지
그때 나는 더러워죽겠다는 이 시건방진 엄살도 누군가에게는 고백처럼 들릴 수 있단 사실을 처음 깨달았다 더러워? 물으면 나도 좋아 답하는

마을에 누군가 부정한 방식으로 사적 이익을 도모하려

했다는 전보가 돌았다 마을 사람들이 나를 찾았을 때는 하필 내가 목욕탕에 가려고 짐을 싸고 있던 순간이었다

저 멀리서 쿨리가 모르는 언어로 마을 사람들에게 무언가를 설파하고 있었다 나는 가운만 입은 채로 쿨리를 지나쳐 연행되었다 경찰은 사이렌을 꺼버렸다 국민교육헌장처럼 온 마을에 울려퍼지는 소리 노다지! 노다지다!

새벽에 마을 아이들과 여자들이 사라지자 그제야 눈을 비비며 일어난 사람들이 중얼거렸다 아…… 전쟁을 치르는 중이었지 정원사들은 어디에 있지

쿨리의 손이 느리게 움직이고 쿨리는 듣지
하나둘셋 하면 촛불처럼 켜지는

만지지 마? 들려? 더러워? 좋아? 느껴지니? 만지지 마? 들려? 좋아? 느껴지니? 만지지 마? 들려? 더러워? 좋아? 느껴지니? 만지지 마! 만지지 마! 더러워! 좋아? 느껴! 만지지 마? 만지지 마!

폭발음이 들리고
얼굴부터 사라진다

좋은가

기쁨을 짜내니 뜨거운 느낌들 떨어졌다
잠 없는 도시의 불길이 온 세상 불사르는 줄도 모르고
나 자신의 느낌은 느낌을 모르네

그래도 이 정원은 그대로다
죽은 여자들이 만든 꽃밭
등나무에 물을 주어도 좋을까요

목 막혀 죽겠어

다리를 비틀면 피 묻은 양이 메에 울면서 나타나고
정원의 꽃들은 수런거린다

새로 온 정원사에게 양은 시 속에서만 울 수 있는
명백히 희생적인 존재

정원사는 오늘 이웃집 남자를 잡아먹었다
맑은 오늘이 생일이라서
오늘만큼은 육식주의자여도 좋은 날

나는 말한다
네 다리 위로 내가 있고 내 머리통 아래 네가 있다
꽃보다 낮은 하늘에서 그것을 등지고 자라나는 나무

나는 해야 할 말을 하지
피를 뚝뚝 흘리며 중요한 듯 고개를 끄덕이는 양은 나를 듣고

들리잖아
만발하는 총성들
나무 밑에서 같이 앉아 쉰다

나무를 올려다보면
죽어 있는 보랏빛 정원사들
그을린 꽃들
그것은 하나의 언어

그래도 물은 주러 가야지
나는 아무도 칭찬하지 않는 정원사 놀이가 즐겁다

물을 뿌리는 두 손이
온 세상에 떨어지고 있어요

좋은가
식어버린 불꽃

소리

우리는 자주 영혼의 머리를 보았다
영혼에도 발끝이 있다면 좋을 텐데

더없이 가까워서 그렇다 사람은 본디
고개 숙이길 부끄러워하는 동물이라서

누군가의 믿음이 성령을 만들듯
머리 아닌 발끝은 외롭지

눈을 비비면 사라지는
직전의 희망

선생님은 내가 좀더 용감해지길 바라셨다
팔을 힘차게 쳐올려야지
선생님의 손목이 말한다

밝은 척 으르렁!
이것은 내가 에메랄드빛 핸드벨을 연주하는 소리

나는 오즈의 마법사에 나오는 겁쟁이 사자 코스튬을 입고
무대 위에서 재미없는 솔을 연기했다

나는 내게 주어지는 떨림이 싫었다
불필요한 기교 따위가 내 영혼까지 털어가버릴까봐

어쩌면 찬란한 신호탄일지도 모르지
영혼을 모두 털어내 더는 소리 내어 울 힘조차 남아 있지 않을 때

이제는 나를 보아도 좋다
손을 뻗으면 들리는

신의 목소리
아니지 조명

내 발끝이 담벼락의 그림자처럼 오선지를 넘어갈 때
나는 어떤 존재와 가까워지기를 선택한다

세상에서 가장 깨끗한 음을 주워 다시 세상에 폐기하는 천사처럼
나는 연주를 멈추지 않았다

고개를 들어 우리를 바라만 보는 사람들
그들이 몸을 숨긴 칠흑 속으로 몸을 반사한다

나는 이곳에 있어요
나의 용기가 느껴지시나요

눈꺼풀이 닫히기 전에 마주하는 최후의 발끝이 있다고

프리즘 같아

감미롭나요
세상 어디에도 없는 기적의 노래가

땅콩 캐기

새가 새를 잡는 곳 낚싯줄에 매달린 매
문득 비상할 것 같은 시늉

땅콩 캐는 엄마를 돌아보았다

외발 수레는 소파처럼 깊이를 가진다
자연 이상의 멀미를

나눠 먹은 물병이 뒹굴고 있다
새로 변할 장난감들
새들은
날개로 이삭이 일어서는 모습을 그린다

남의 머리칼을 뒤지듯 땅콩을 캤다
남은 잘못을 알알이 뽑았다

티 없이 깨끗한 소일거리라고 말했다
엄마는 호미를 들고 엄마의 임마를 돌아보았다

장갑을 벗자 찰흙이 쏟아졌다
내가 부서진 흔적이었다

무언갈 빚은 손이 여기 더 있었다

엄마와 엄마의 엄마가 동시에 두리번거렸다
빨간 목장갑에서 묻어난 성장의 기록
미처 걷지 못한
뿌리 뽑힐 거리

포대에 땅콩을 들이붓는다
뒹구는 새가 아까 먹은 걸 게워낸다

모두 엉덩이를 털고 밭을 나섰다
수레가 잘 끌리지 않았다

막히자 적막이 두둑에 닿았다

슬픈가

해방되고 싶은 날
두부를 먹는다

포슬눈 앉았다 사라진
남자의 어깨에 기대
단단한 그것을 한입 가득 베어 물었다
그는 내 머리를 한입 크게 베어 물고
야무지게 입가를 닦아낸 뒤 다시 잠든다

마지막까지 팔리지 않은 두부같이 단단해서
남자는 눈시울을 붉혔다

무엇이 되기로 한 걸까

언젠가 우리는 서로의 입맛을 돋우는 새로운 재료가 되어
부드럽게 뭉쳐지겠다 싶다

두부처럼 으스러지는 손목 아래 얕은 상처
너무 많이 긁어온 탓이고

아픈가

식은 음식을 나눠 먹는 게
이 계절의 사랑 같지 않다

모형 같지 않은 진짜

나는 그걸 먹는다
남자도 그걸 먹으면
댕그르르 흔들리다 다시 제자리를 찾는 일상

한 번만 더
물어
갖는다

싫다

남자와 나는 아무것도 하지 않는다
아랫도리에 달라붙는 감정들이 싫어서 그냥
서 있다

똑같은 말만 내뱉는 게 싫다
입안에서 사정없이 굴려둔 말이
응결되어 떨어지는 게
싫다
입은 짧고 말은 도톰하다

남자는 잘 쓰지도 못하는 소설이
좋다
나는 그것을 말리지 않지만

혓바닥 아래에 빼곡히 숨긴 말들
들춰볼 뿐이다
날아갈 것 같아

명랑한 남자는 나의 이슬을 핥아먹고

싶다
내가 침을 삼키자 목이 쩍쩍 갈라지는 소리
생각보다 크게
메아리친다

물방울과 이슬
될 수 없는

남자의 옆에서 산소가 되어
방치되기

소설이 잘 써지지 않자 남자는 눈물이 난다
남자의 눈물은
도끼 같다
하품하는 남자의 입에서 나는
냄새

말하기를 배우고 싶다
입을 감추고 휘두르지
않기

시를 쓰는 친구가 놀라던 모습이 떠오른다
야위어가는 네 몸을 봐 말하니까

진드기
생각나고
따갑고
내가 나를 기억할 때
최악이게 되고

미화되지 않는 생명력은 없다

이번주면 나도 소설을 써야 한다
나는 언제까지 식물일까

무언갈 찾는 사람처럼
남자가 형광등을 바라보고 그냥
서 있다

반려 식물이 자살하지 않는 것처럼
나는 창문을 바라보고 그냥
서 있다

서러운가

끝나진 않았지만 이제야 따뜻한
어느 오후

쿨리는 고정된 페이지에 멈춰 조금 애통하다

산과 바다처럼 생긴 설치예술이다
미지의 문명이 남긴 모래 도시
다리 밑으로 다섯번째 영원이 통과한다

영원의 일렬을 보는 쿨리
살짝 비관적이게 된다

조금 못된 화자가 나왔으면 한다
페이지 속에 산다면
적은 숨으로 만날 수 있다면
쿨리는 많은 이별을 경험했다

산이나 바다가 될 거라던 도시가 큐브처럼 움직인다
물새가 영원의 보폭에 맞춰 총총 걷는다

명금
고운 소리로 우는 새

새에게도 비행은 하나의 사건
몸집을 견디는 에너지
전혀 자연스럽지 않다

무엇이 그리도 서러운가

쿨리는 맨 뒤에서 사족 보행한다

모래
바람

사람들이 보고 싶어

근데 사람들은

모래 품에 있지만 외롭지 않다

모래와 쿨리 더하기 알갱이인
영원과 쿨리 더하기 호흡에 주의를 요구하는

새와 쿨리 더하기 더불어 살기엔 서러운

일렬이 찌그러진다
모래 빼기 예술 하면 남는 건 보통 없는
모래의 시간
행진하라

종료는 없다

모래 더하기 차오르고
쿨리 더하기 불온하고

새
영원

되려 한다

생각과 관

기적이라 쓰인 풍경을 어디에 달아야 할지 수없이 고민했다 내가 아는 여름 소녀라면 이런 고민 따윈 하지 않았을 텐데

잔향실
메아리와 음성이 겹쳐 흐르는 방에서
나는 아무것도 하지 않았다

깊은 사유라는 말은 언제 들어도 못 견디겠어 그런 건 누가 만들어낸 거야? 사유에 떨어진 사람이 이렇게나 많은데 누가 누구를 구한다는 건지 모르겠어

여름 소녀 토모코는 더 깊게 빠져 죽은 사람이 정상인 게 무섭다고 했다 온몸이 오그라들고 추적추적 젖는 느낌이라고

시를 쓰고 있는 난 생각해본 적 없는 투덜댐이었다
나보다 조금 더 못된 토모코의 감상을 불편해해야 할지 씁쓸하게 못 들은 척 넘겨야 할지 알 수 없었다

다친 벨 자처럼

비가 온다
내린다거나
다른 말로 꺼내볼 수 없다
여름에는 소녀들이 사랑한다

바람이 불어오고 코에 맺힌 땀이 식는다
가을을 기다리지 않는 소녀들이 하늘에서 팔랑대며 떨어진다 불그스름한 콧방울을 하고

토모코
나를 봐, 토모코

실루엣처럼 창문에 그려져 있다 내가 어렴풋이 아는 여름 소녀가 어쩌면 나는 모르는 여름 소녀가 영글지 않은 초고를 뒤로하고 레이스를 걷듯 창문에 남겨진 그림을 떼어낸다

조심해야 해
생각과 관은 다르지 않으니까

그곳에는 빳빳하게 펼쳐진 차갑고 흰 벽이 있다

가끔 반짝이고 일렁이며 고주파 소음이 가늘게, 정말로 가는 모양으로 흐른다 긴장하는 세계 볼 수 없었더라면

토모코야
좋은 꿈을 꾸자

종이를 힘껏 구겼고 나는 구겨진 그 틈으로 들어갔다 구겨지는 모양대로 규격에 알맞은 나는 시원하게 종이를 적신다 이불처럼 덮은 나를 둘러싼 종이를

아주 편안한 잠
빛
밤
꿈을 꿀 수 있을 것 같다

나도 토모코도
너무 습하지만
아파트에선 꿈을 꿀 수 있다는 보장이 없다

조명이 밝힌 잠외 마을
죽은 뇌를 씻기는 무드

등을 덮는 직물들

어린 꿈을 꿀 수 있다면
나와 불화할 수 있기를

뽀얗게 유감이 녹고 있다
시와 사람의 음성
싱그럽게 겹쳐 흐른다

풍경을 몰고 오는 여름 소녀가 이젠 나와 놀이하려 하지 않는다 장송 행렬을 보듯 창밖의 빌딩을 심심한 눈으로 그렇게만 지나친다

죽자로 끝난 내 이름

다각형인 내가 가득한 방
문을 열고 들어가면 재처럼 누운 식물들
옆에서 젖은 옷들이 건조되고 있다
나는 그곳에서 갓 구운 피자 한 조각을 집어 먹으며 생각했다
방이 점점 좁아지고 있다
튼튼한 라디에이터를 장만해야겠어
벽에는 고모들 이름이 새겨져 있다
순자, 순영, 순희, 순심, 순애,
죽순 캐러 갔다가 우물에 빠져 죽은 고모들의 이름이 단단해졌다
미자, 혜자, 영자, 죽자, 죽자,
죽자
로 끝난 내 이름
내가 빳빳한 흰 티셔츠를 꺼내 입자 너는 물었다 어디 가?
영안과 안녕은 반대말이지
이름에 순할 순 자가 들어가면 다 제명에 못 떠난다고
나는 나프탈렌을 우걱우걱 씹으며
고모들 이름에 차가운 입김을 불어주었다

나와 너는 원래 모래였고

온몸으로 서로를 끼얹어주는 순수한 분진들

헌 집 주고 새집 짓는 영혼들

나는 재로 반죽을 내어 화분을 굽는다

영면의 날카로운 모서리를 사포로 연마하고

경직되어 단단해진 너의 몸을 힘껏 깨부순다

조각난 이름들로 만들어진 나의 새

테라초

나는 너의 파리한 입술에 입을 맞추는 척

입술 틈으로 애도를 흘려준다

산 사람에게 그것은 공간이 아닌 길이라

두레박처럼 내려오는 하얀 희망

그리고 재

일부러 서로를 깨뜨려주는

빛

반사

재기

새가 지나간 자리마다
눈이 아닌 밝음이 벗겨져 있고요

공동현관에 동네 아이들 발자국이 얼어 있습니다
아이들이 벗고 간 발자국을 정돈하며 기다립니다

아무렇게나 재기 시작한
작은 소년들의 행방과 주소 없는 물의 시간

엄마와 눈은 다르지 않다는 걸 알게 된
아이들의 시간

언젠가 딸아이 손을 잡고 선 그녀가 내게 물었습니다
비에 젖어 무거워진 새도 사랑해줄 수 있나요

엄마를 기다리는 아이들의 발그레한 볼 같은 사랑
다르지 않아요

밤을 쓸어내고 찾아낸 눈송이처럼

귀한 것

올해의 첫눈이 내렸고
집으로 가야 하는데요

발자국 위로 발자국을 덮으며 생각합니다
나는 좋은 어른이 되었을까요

엄마
저 다 왔어요

아이들의 젖은 신발을 생각합니다
집을 잘 찾아가야 할 텐데

겨울 저녁 내가 배운 시간

자고 일어나면 거짓말같이 화창할 것

2부
시가 돌아온다면 몸을 고쳐서 올 것이고

코뿔소와 나

고독
이라고 속삭이면 코뿔소가 따라온다
사람이 많이 보고 싶은 밤이면 늘 코뿔소를 생각했다

양을 세듯 코뿔소를 헤아리는 밤이다
고독해서 뿔난 소
세상에서 가장 외로운 코를 갖고 태어난 동물
코뿔소를 떠올리다가 벽에 입을 맞췄다
벽에 입술을 대고 있으면 사랑하는 사람이 생길지도 몰라
아니, 너무 많은 사람이라도 괜찮겠다
세다보면 사람 하나 정돈 튀어나오겠지
이것도 어느 날 시가 되겠지

차갑다 벽의 입술
그저 간단한 접촉에도 익숙한 얼굴들은 벽을 찢고 들어오려 하고
코뿔소는 이미 방에 들어와 있다 당당하기도 하지

나는 내 코를 마구 때렸다

입술은 그대로 두었다

뿔이 훤히 뽑힌 자신의 콧잔등을 내게 보이며 코뿔소는 말했다
에이, 겨우 그 정도로
말하자면 무신경한 눈빛이 그랬다

코뿔소는 소가 아니라 말에 가깝다는데
뿔을 뽑으면 소도 말도 아닌 걸까
남자도 여자도 못 되겠지 그것은 중요하다

뿔 없는 코뿔소는 저 혼자 현실이 되어가고
갈퀴가 생기고 민첩해지고 내 머릿속에서
도도하게 멀어진다 그것 역시 중요하다

뿔은 빨리 자라
이것은 코뿔소가 잘 있어, 대신 하는 말
코는 또 자란단다
이것은 내가 코뿔소에게 건네는 가장 다정한 언어

그래도 살아야지
보다 든든한 말

내가 누워 있는 이 방은 선잠처럼 얇아서
여기저기 무언가에 찍혀서 난 자국이 많다
입술로 벽에 묻은 기억들을 지운다

귀를 기울이면 들리는 신중한 발걸음 소리
코뿔소는 보았겠지
내가 흘리고 간 많은 얼굴과 얼굴들 밤과 자국들
그가 남기고 갔을 도톰한 발자국을 생각한다

없는 뿔을 달고
코뿔소가 질주한다

떠나는 코뿔소의 등뒤로
뭉친 얼굴들을 던져주며 나는 말했다

코뿔소야 나는 여기 있단다
내 코는 이곳에 있어
부끄러운 날에 또 만나자
안녕

담기

일단 오렌지라고 부를래요

저수지에 오렌지를 던지면
동그란 파문을 그리며 오렌지는

빨갛고
말갛게
둥둥둥

어른들은 이것을 얼른 내다 버리라고 말하죠
그렇지만 무서운걸

유리병에 붙은 델몬트 라벨을 떼고
다시 주워온 오렌지를 쑤셔넣었어요
갈수록 불어나는 오렌지
나의
보물

쓸모를 다하면 고아가 된대요

관목이 있던 곳에 유리병을 두었어요

절대 만지지 마시오

툇마루에서 어른들이 십 년 묵은 뱀술을 나눠마시고 있네요
오랠수록 조용히

색을 빼앗기겠죠
오렌지의 쓸모는
계속해서 담기는 것

오렌지에게 채광과 호흡만을 주세요
산으로 돌아갈 수 있도록

닮을 게 없어서 오렌지를 닮아가려 해요
동그란 사람이 되고 싶어

관목 아래에 쪼그리고 앉아 햇볕을 쬐어요
달콤해져라
사랑스러워져라

나를 오렌지라고 불러주세요

뱀이 묻힌 관목 아래서
옅은 숨을 들이쉬면서

이렇게나 달콤하게
유유하게

흘러가고 싶어

디도

잘 찌그러져야 좋은 종이다
잘 찢어져야 좋은 습자지다

디도는 삼천 년이라는 막대를 가지고 논다
바이러스처럼 시간이 몰려든다
디도의 손으로
막대를 뚝뚝 부러뜨리기 시작한다
시간이 없어

디도를 쫓는 건 시제들
디도의 뺨 위로 미끄러지는 새하얀 눈물

소금맛이 날 것 같아

빛의 습도
빛은 쪼그라든다
새로 산 가습기에 어느새 희뿌연 물이 가득차 있다
비리는 대신 그깃의 몸체를 뒤집는다

소생
부러진 막대 조각이 꼬깃꼬깃 일어나 일체가 된다
이런 식으로 여러 곳에서 디도들이 몰려들었다
디도의 콧속으로

디도는 제빵사처럼 막대를 밀었다
시간의 바닥은 차갑고 눅눅하군
주문을 외자 막대는
비정형으로 퍼져 알록달록한 색종이가 되었다

수작업 종이의 유일한 단점
척추를 펴듯이
굴곡이야 얼마든지 버릴 수 있다
입술 자국이 보기 좋아서

그러나 디도가 견딜 수 없는 건 구멍 난 색종이
자꾸만 후후 헛바람을 불어넣고 싶잖아

가벼워지는 기분
풍등 접기는 디도의 특기이다
날리지는 않는다

삼천 년이나 되니까

바다에는 아무것도 살지 않게 되었다

빗물받이를 내려다보듯이
디도는 구정물을 마시는 상상을 하며 발장구를 쳤다
이제는 정말로 시간이 없어

디도가 자리를 뜨면 디도가 걸어와 앉고
디도가 발장구치며 놀면
디도가 풀이 죽고

디도가 정신을 차리면
디도가 막대 놀이를 하고
디도가 싫증이 나서 입술을 삐죽이면
디도가 막대를 작게 조각내고

디도가 신기해하면
디도가 막대를 굴려
비정형 무지개를 만든다
입안이 짭짤하다

디도의 눈물이 뒤집혀 흐른다
쪼그리든 빛이 몰려든다
디도의 속눈썹 끝에

보란듯이 맺힌다

흡수된다

이름하고 싶어

되고 싶은 것이 있다면 나는 볼 수 있다
무엇이든 된 추상
될 수 있다는 날
믿음직스러운 날들을 못내 사랑하며
내가 쓰고 싶은 말은 차원이 다를 텐데
자명하다기엔 의도적으로 죽은 말들
찾고 싶어
이름을 붙여주고 난 다음에야
풀 속에 축 늘어진 말과 인사하고 싶어
시제
언제나 예외는 발생한다
에브리데이
메이데이
엄격한 물음들
나는 홍학이 될 수 있었다
우는 토끼가 될 수도 있었다
차원을 하작이다 발견한 어린 맹꽁이들처럼
천천히 보노블록을 넘어가다가
그대로 말라버린 말들이 입속에 있다

지금

또 그때

무얼 그리 자주 먹겠다는 걸까

가끔 개념이 부족하단 쓴소리를 들어도

신소리로 답하는 게 인지상정

상상과 망상을 뒤스르던 때에

그냥

이라고 부르던 것

까닭 없이 하수구로 흘려보내는 뭇웃음이여 안녕

나는 살고 싶을 적에 접속사를 말하는 사람이란다

나의 반려 부사가

내 옷을 한 겹씩 벗기고 있다

그렇다면 그녀가 보게 될 것

사전에 덮인 어둠

덥고 포근한 그곳을 벗어나야지

바늘과 자명종이 오로지 꿈의 해석이라면

차원은 그저 작은 것들의 언어가 될 텐데

친절한 인간의 도움으로 늪으로 돌아간 어떤 맹꽁이들을

우리가 어찌 불러야 할까

빨강의 이름이 될 수 있었다

시시한 명명법보다 앞서는 표면이 될 수 있었다

모든 것이 될 수 있다고 우리는 배우지만

나는 말할 수 있다는 사실조차 종종 잊는데

말에서 쓸모를 찾다가 또렷한 웃음을 흘린다
넘어갈 수 있다
넘볼 수도 있겠다
먹음직스러운 말들은 여전히 보잘것없다
이름하고 싶어
껴안아 안부 묻고 싶은 말들을
우적우적 씹기만 하는 나의 법칙
누군가 부르면 달려나갈 수 있다
간절하게 도로를 횡단할 수 있다
정말이다 정말로
그것을 어찌 불러야 할까
입안의 생명들이 가두리를 탈출하려는 것 같다
말들의 가녘에서 조난하는 웃음
그것들의 외침
차례로 물음들
희석되는 듯하지만

감은 눈

문장을 읽는다.

끔찍하단 건 뭘까. 나무의자에 동여 묶인 육체가 늪에 엎질러지는 기분일까. 그렇듯 말의 침몰은 세계가 끝장나는 때에 올 것이다. 누군가 내게 벽만을 바라보게 한 다음 마지막 문장을 남길 기회를 준다면 어쩌면 난 벽 아닌, 벽과는 다른, 벽보다는 무른 곳에 어떤 문장이든 텁텁한 글씨를 아로새길 것이다.

내 것 아닌 숨
누구의 것도 아닌 멸망

호흡해야 한다.

열대림의 연속이거나 천장에 맺힌 문장부호들. 어느 것이든 높고 습하고 드넓게 뻗친 문장. 시가 하등 쓸모없는 숲에서도 호흡은 이어진다. 말과 친밀한 세계라면…… 말이 말과 사귀어 이렇게 작은 방에도 천장에 간신히 매달린 글자들이 마을을 이루었다.

말은 이끼다.

이곳은 단어들이 너 나 할 것 없이 자살과 무성생식을 반복하는 숲. 버려진 시들이 모여사는 마을이다. 이끼 숲에서 탄생은 곧 지워짐. 언제까지고 상상해봄직한 영원한 조형 세계. 지워진다는 것은 우리의 말이 더는 불안해하지 않는 것. 벌벌 떨면서도 무작정 오염될 필요 없는 것. 시가 돌아온다면 몸을 고쳐서 올 것이고

시를 읽으면 두 발은 잠긴다.

나무의자에 앉아 시가 몸을 휘적이며 이곳을 향해 산뜻한 발걸음으로 다가오는 실루엣을 바라본다. 즐겁다기엔 신비롭다. 공들여 채집한 첫 곤충을 들여다보는 마음으로 시의 발끝을 살핀다. 고개를 들면 뚝뚝. 육신을 둘러싼 이끼 된 단어들. 오래전 늪에 빠져 죽은 사람들의 다섯 손가락이 발목을 잡아끄는 감각. 축축해라.

끔찍하단 기분은 뭘까. 눈을 감고 주위를 서성이는 언어들의 둔탁한 발소리에 귀를 기울인다. 머리 위 느린 종소리. 씁싸래한 바람 맛. 하나에서 쪼개진 이파리들의 들숨과 날숨. 손을 건네면

언어들의 고민이 이어지는 내내 나무의자에 앉은 나는 상상만으로도 가볍게 늪을 지나고, 이끼 숲의 언어 교환에 훼방을 놓고, 소음을 끼얹고

숲이 곧 숨인 것처럼
마음은 의자 위에 두고 가늘게 늘어뜨린 눈빛.
찌르레기가 정말로 울고 있다.

말을 되감아올리며 감은 눈이 문장을 더듬는다. 무언가 뒤바뀐 문장을 찾아낸다. 유심히 지켜보는 상상 속의 눈. 진득해진 기분의 낯빛을 알아보기가 쉽지 않다. 습한 뒤통수와 마주친 늪의 표면. 호흡한다.

다신 소망하지 못할 것처럼.

쌍

 조감에 관한 시를 쓸 때 초자연적인 존재를 이야기하지 않는 건 매우 힘들다. 배 아파 죽을 것 같을 때 썩은 그림자라도 떼먹는 사람들처럼.

 몰려든 관람객들. 줄을 섰다고 말할 수도 없는 위치에 헬리와 나는 서서 조각을 구경했다. 어떤 사람들은 시큰둥하게 전시실을 빠져나갔고 우리는 앞으로 밀려났다. 서서히 선명해지는 물체의 가장자리. 그것은 상앗빛 토끼였다. 사람들을 헤치지 않고 토끼가 놀라지 않도록 살금살금 다가섰다. 토끼를 마주한 관람객들의 낯이 매끈했다.

 조금 더 다가갔다. 토끼의 그림자를 놓치지 않을 정도로 거리가 좁혀졌다. 사람들이 속삭이는 소리가 들렸다. 이 작품이 보이는 불가해한 사랑, 초자연적인 욕정, 곡선과 대각선들, 집으로 감히 가져갈 수 없는 깨끗한 낯빛. 여러 소리를 껴입고 토끼는 토실토실 살을 찌웠다. 울퉁불퉁한 빛과 어둠이 토끼를 성형하고 토끼의 이미지는 점점 뚝발라진다.

 그러나 그것은 갓 태어난 천사와 죽음 한 쌍이었다. 화

살처럼 내려꽂히는 천사의 날개. 미끄러지듯 천사를 부여잡고 있는 죽음. 여기에는 어떤 숨도 쉬어지지 않은 적요한 거룩함이 있었다.

그것이 토끼여야만 했던 까닭. 관람객들이 관람 역순으로 걷기 시작하고 오디오 가이드는 처음부터 재생되었다. 못 본 척 그림자가 옅어졌다. 빛이 흐려지고 적막한 사위 한편에서 헬리의 몸이 떠올랐다. 그림자는 헬리를 지나쳐 지상에 남고 어느새 회장 저편에는 천사도 죽음도 아닌 완벽히 상앗빛인 토끼가 백(白)이 되어가고 있었다. 생각의 방향으로 비뚜름하게 몸을 기울인 토끼가 신성한 한 발짝을 깡충 내디뎠다.

그림자는 두번째 삶인가.
신을 언급하기에는 너무 구질구질했다.

회장을 빠져나왔다.
헬리가 햇빛으로 혼신을 내던졌다.

등

 사람들은 누군가의 뒷모습에서 처음을 포착한다. 뒷모습은 시작이자 시작은 기다림. 뒷모습은 자신을 규정하려 들지 않는다. 기다리는 행위만으로도 완성된다.

 그림 속 자크린은 마르지 않은 머리칼을 휘날리며 절벽 위에 서 있다. 자크린의 등은 섬세하게 꼿꼿하다. 투박한 붓질로 완성된 자크린의 등. 그것을 자세히 관찰해보니

 보였다. 노르스름한 자크린의 등줄기에 어린 미세한 떨림과 파르르 일어선 솜털들. 그것에서 시를 본 사람은 나밖에 없었다. 나는 자크린의 등에 손을 올리는 클라라를 상상했다.

 클라라는 절벽을 무서워하는 소녀. 그런데도 클라라는 자크린의 등을 어루만지며 자크린을 돌려세우지 않는다. 마찬가지로 내게서 뒤돌아선 클라라는

 고독과는 아주 다른 얼굴을 하고 있을 것이다. 그런 여자의 뒷모습은 나도 본 적이 없다. 클라라의 손이 자크린의

등으로 자크린의 등이 클라라의 손으로 섞여들었다. 람팜 팜팜.

절벽 아래서부터 용솟음치는 북소리. 람팜팜팜. 자크린 이 악마처럼 벌벌 떨고

클라라의 복사꽃 같은 손이 자크린의 어깨에 가 앉는다. 전시를 보러온 사람들은 관람 동선을 안내하는 발자국을 따라 걸을 뿐이다. 한번 쳐다보고는 다시 돌아보지 않는다.

십자가를 가슴께에 깊게 묻고 기도하는 사람들도 있다. 이 그림에는 운율이 없어. 이 그림에는 이미지가 없어. 순 례자들처럼 남이 남기고 간 발자국을 따라 걷는다.

간헐적으로 나는 입구를 쳐다본다. 그림을 보는 내 뒷모 습을 누가 훔쳐보기라도 할까봐. 노을이 지자 사람들이 하 나둘씩 전시장을 빠져나왔고 나는 조금 추웠다. 뒤돌아볼 까봐

포개진 자크린의 등과 클라라의 손은
평온하고 얌전하게 하나가 되고 있었다.

백

폐곡선의 한곳으로 파고든다
투명 기둥을 휘감은

그것을 펼치면
누구도 풀이할 수 없는 공기의 정렬
손가락을 적셔 뚫는다
숫자가 다음 숫자를 데려오는 모양으로

진동 또 운명

소리는 앞소리를 밀어내고
내가 펼친 페이지는
욕망하는 인물이 바다로 투신하는 장면
추의 운동을 좇으면
아주 산만한 궤적을 그릴 수 있다

발을 헛디딘 숫자들
장면이 한 꺼풀 벗겨졌다

행위하고 바라보고
예측하는 기다리는
날아가고 펄럭대는

밀려난 소리가 앞소리를 끌어안는다
소용돌이에서 본 줄어드는 모래들

여기선 무엇을 할 수 있나

땅을 등지고 걷게 하기
물을 뒤적거리던 인물을
숫자들 속에 투척하기
웃으며 건져올려보기

장면인가
사건인가

가능하지 못하고
진단하지 않는 한곳

지

절대 깨지지 않는 어항
이면지를 뭉쳐 만든 물고기들의 집
유기되거나
새로이 시작하는 전망 좋은
종이 어항 이야기

많이 찌그러질수록 안전하다
종이 자갈들 끌어모아 모래성 만들기

이것을 뭐라고 불러야 할까
펴졌다가 구겨지며 일어서는 성
이름을 붙이기
아찔하다

던질 것

이혼과 비혼을 자주 발음할수록
예뻐지는 느낌이다

알을 낳지 않는 종이 물고기처럼
아무때나 젖지 않는
가슴지느러미처럼

유니는 어느 장례지도사 비디오를 시청했다
예감이 좋아

종이 어항
종이 물고기
종이 자갈
종이 심장

속에 적힌 글자들을 읽는다

오십 년쯤 뒤에는
고독사라는 단어가 유행이 될 거란다

너도나도 고독한 인플루언서가 되어
영예로운 혼자

온갖 서류를 구겨서 만든

종이의 시대에는

단순주의가 미덕이고
어디로 굴러가든지
구겨지며 유영할 수 있다

모래성을 드나드는 꼬리를 끝으로 버려진
늘어난 비디오
시작이자 예감인
물고기만 반복적으로 송출된다

날

사포질하는 선배들의 용쓰는 얼굴이 좋았다
이쯤이면 됐다는 얼굴이 튀어나올 때까지 사포질은 계속된다

문지를수록 창백해지는
너무 사람 같은 네모
세계 벽에 양각된 누군가의 울울한 표정같이

오늘 날씨는 재밌고 대기질은 착해요

선배들이 만들고 있는 건 비물질적인 네모
네모를 만들면 선생님이 참 예뻐요 도장을 찍어준다

스케치하다 손날이 가려웠다
흑심이 돋아나는 느낌이다

스케치북에 닿고 싶었다

문지르자

도화지는 손금으로 다시 풍만해졌다

이제 나도 망치를 잡고 싶은데
수업 종이 울리고 선배들은 운동장 너머로 사라졌다
모래알이 지우개 똥처럼 벤치에 가득했다

조그마한 못 하나 나뒹굴고 있었다

선배들은 다 알고 있다
반복의 미학

아는 것을 스케치한다
알고 싶은 건 연마의 자세와 그런 사람
모래알이 열없이 조각나면

그림도 손잡이 없는 도구가 되고
무언갈 내리칠 속없는 손날도 무르게 옅어지겠네

와자그르르한 선배들의 웃음소리

질량도 너비도 없는 네모난 노력이
희망하는 소음이

이런 경우
빛을 내뿜는 모래알에서 동그랗게 연마된 얼굴이 비친다

기특해라
지글지글한 감각과 따뜻해서 미쳐버릴 것만 같은 날씨

생때같은 땀방울을 남기며
하얗게 표정의 한 모퉁이가 지워지고 있다

리듬

널빤지 한 장
대기는 아크릴 구름
파란 잉크 바다
물먹은 천사
점들
사람은 새하얗게

이데올로기 없이 서 있는 점토 사람이
통 속에 있다
희떠운 눈빛
현대인임을 방증하는

누군가 죽어야 한다면
제자리를 지켜야 하는데

이데올로기 없이 서 있던 점토 사람이
침을 꼴깍 삼킨다
뜀박질
도약 뜀박질

도약
바동거리는 리듬

누가 나를 낚아채줬으면 좋겠어
날개 달린 점토 백골 점토 상관없이

통 속을 모기처럼 맴돌던 점토 사람은
모르는 점토 사람의 검은 피를 빨아먹고 싶다
히치하이커 노릇보다는 조금
둔해지고 싶다고

생각하던 점토 사람이 간과한 것

천국은 생각보다 가볍고 날래다

천사의 젖은 이미지
하나도 없다 무거움

점토 사람과 헬륨 세계의 차이

이데올로기를 주물럭대는 점토 사람은
너무 크게 복각된 천사 이미지를 곱씹는다
그렇지

창조주가 그렇지
제 발로 찾아올 리 없다

사람들이 나를 통과해준다면
나무들이 휘적휘적 움직여준다면

자인하는 인생
나를
나를

그러니까 누군가가 죽어야 한다면
높이 뛰어오르는 수밖에

통 속은 귀신들의 숲
물고기와 괭이갈매기까지 점토 사람
못 본 척하는

이데올로기가 생겼다면
죽을 준비는 끝났다고 보아도 무방하다

나의 지렛대보다 강한 숲
파란 물
와류하는 사각형

행성의 소음
높이 뛸수록 점토 사람은 내려옴이 버겁다

어디까지가 알아서 갈 만한
심상의 먼 끝일까

젖은 돌멩이가 점토 사람을 부른다
감각적으로

더
더

끌어당기려고
파랗게 죽은
마음 주려고

3부
오방색은 펑크지

지목

나는 줄곧 은색 빛이 어슷하게 스미는 불 꺼진 좁은 방을 떠올리려 애썼다. 그런데도 언제나처럼 도착한 집은 반도의 지도처럼 드넓고 휑한 농촌이었다. 나 대신 내 그림자가 구겨지듯 벌떡 일어서는 시간이면 나는 희뿌연 광배 뒤로 모습을 감추면서 잠시 마을 사람들을 관망하곤 했다. 회백색 옷을 갖춰 입은 농부들이 소매를 무심히 걷은 채 밭 가는 꼴을 멀리서, 아주 멀리서 지켜보고 있다. 나는 그 모습이 참 투박하고 어려운 회화라고 생각한다. 손끝으로 한마디만큼 작아진 노인들의 움직임을 어루만진다. 또 덮어서 가려본다. 어떤 시절에는 자신이 첩으로 팔려나가는 줄도 모르고 첩이 된 여자들이 많았다고 하지. 그런 장면이 며칠이고 반복되었다. 내가 사람들 사이에서 할아버지를 찾아낸 것은 우연이 아니었다.

소녀들이 낳아야 했던 아들들. 까투리 껍데기를 오줌싸개처럼 뒤집어쓰고 태어났던 아들들. 아들아, 부르면 그날의 일거리는 알아서 거두어진다. 우리의 아들들은 다시금 소녀들의 부모가 되거나 말없는 농사꾼이 되곤 했네. 나는 할아버지가 때때로 몸을 바꿔 부활하는 장면을 여러 번에

걸쳐 목격했다. 딱 니 같은 꽃으로 태어나그래이. 할아버지가 또다시 태어나는 길목. 아기 우는 소리 따라 고추밭으로 향하면 들린다. 안간힘을 다해 땡볕 아래서 붉게 잘 익은 고추를 따는 소녀의 부름. 나는 어리고 시퍼런 고추들 뒤편에서 논두렁 쪽으로 투신하듯 사라지는 청개구리들을 구경했다. 밭 건너편, 그곳은 다른 세계. 먼 밭에서 회백색으로 흐린 농부들이 땀 흘리며 씨앗을 뿌리고 있다. 그 옆으로 아기 업은 고운 소녀가 힘겹게 자전거 페달을 밟으며 지나간다. 언제까지 이곳에 있어야 할까. 아무래도 그림자가 있는 동안에는 영영 살아 있겠다 싶지.

밭에서 옥수수가 자랐고 논이 노랗게 무르익었다가 다시 푸르러졌다. 우리는 기대하곤 했으나 대단한 농작물일랑 거둘 순 없었다. 내가 이곳에 처음 온 순간부터 여전하다. 내 사랑들. 소녀들은 무엇이 그리도 기쁜지 땀을 죽죽 흘리면서도 하하 웃는다. 그럴 때면 으레 나도 따라 웃어준다. 우리 청개구리들 오늘도 논두렁으로 뛰어들고 도약하고 있지. 소녀들은 관상용 우렁이처럼 이내 무표정해진다. 아들아, 새참이다. 부르면 우연한 곳에서 샛노란 민들레가 피어 있다. 나는 불을 끄고 침상에 누워 자못 독단적인 밤을 보낼 준비를 한다. 방안으로 새어들어오는 은색 달빛을 보얀 면사포인 듯 쓰고 나는 모르는 아들들에 의해 한번 더 지목되는 것이다.

산사와 나

법당에 앉아 있으면 정말이지 별생각이 다 든다. 이를테면 대각선 방향에서 울리는 디지털 염불 소리같이 잘 닦인 감각들. 나는 말씀들에 관해 아는 바가 없었으나 그저 듣는다. 누군가의 곁에서 나란히 절하는 기분이면서 동시에 정돈된 글자들의 도움을 받는 느낌이다. 이곳 절은 과연 기이하다. 가끔은 염불하는 목소리가 칠이 다 벗겨진 공간에 웃돌아 이제는 그것 자체로 가만한 시간처럼 느껴지기도 한다. 나는 불경한 것이 무엇인지 알지 못했으나 오늘 아침 법당에서 염불 아닌 너바나가 흘러나왔으며 그런 현상에도 경우가 있는지까지는 알 수 없었다. 하기야 오래된 목조 건축물과 너바나는 그런대로 공명하는 듯 보였다. 그런데도 그것이 진실이거나 윤리적으로 옳은 것인가 하는 자문에는 답할 수 없었다. 잠시 누웠다. 오늘처럼 손님이 없는 날에 즐길 수 있는 소소하고 무엄한 취미. 사계절 내내 차갑기만한 마룻바닥에 누워 있으니 정말이지 시선 가는 곳마다 별천지였다. 연등에서 낯선 사람들이 분신하듯 태어날 것 같았다. 빛바랜 탱화에서는 본래 그 자리를 지키고 있던 색들이 회복하듯 반짝였다. 덩그러니 반상 위에 남겨진 목탁과 두꺼운 염주에서는 고여 있던 진짜 목소리가 주르륵 새어나오는 듯했으며, 누군가 펼치고 간 방석에서는 푸석하고 퀴퀴한 온기들이 다음에 올 온기를 기다리고 있을 것 같았다. 그때쯤 불상은 조용하다. 이전보다 나를 더 내려다보았는데. 불상은…… 그 표면이 확실히 전날보다 부드러워진 느낌이었다. 내 이야기를 전해 들은 어떤 불자는 왜 그런 이미지를 보고도 아무런 조치를 취하지 않았느냐고 물었지만 차마 그곳 법당에서 불상의 디지털식 미래를 보았다고는 말할 수 없었다. 법당의 단청 작업을 했던 전문가가 언젠가 했던 말. 오방색은 펑크지. 산사에 머무는 동안 나는 내내 말이 없었다. 반질반질하게 머리를 닦은 휴머노이드가 허허 웃으며 공양하는 모습 따위를 상상하면서. 공양간에서 매끈했던 찻잔 하나를 깨뜨렸다. 시를 썼고, 소리는 그뿐이었다.

벽

    일주일 동안 내게 충돌은 허용되지 않았다. 소방차가 지나가면 친구들은 하던 일을 멈추고 떨어지는 가짜 슬픔을 줍는다. 젖지 않은 흙바닥을 응시하게 된다. 누군가 버저를 눌렀던 걸까. 우리 마음에 가짜를 심어둔 누군가가. 플라스틱 바다에서 헤엄치고 놀았지. 빨간불 켜지고 아침이 밝을 때까지. 참새떼가 비행을 시도한다. 유리벽과 유리벽 사이를 진자운동하는 무시 못 할 생명체들. 자세히 보니 몇 마리 까만 새들이 유리벽에 달라붙어 가짜로 울고 있다. 벽을 넘어 활강하면 안 돼. 까만 새들 주위로 폴리스라인 쳐진다. 새들을 칭칭 감는 새 그림. 실을 뽑아내듯 하얗게. 하얀 삼차원이 될 것 같다. 초여름의 마을. 밤이 오면 낮 동안 물렁물렁해졌던 바다가 딱딱하고 매끄럽게 펴진다. 우리는 이런 장면에서 마음을 졸인다. 유리벽만으로는 세상과 구분되지 않는 좁은 마을에서 온갖 거짓말들이 영혼들이 진심처럼 튀어나올 것 같다. 까만 플라스틱 바다 저편에서 우리를 금지하는 소리 밀려오네. 주의. 수영 금지. 낚시 금지. 투신 금지. 바다의 표면을 깨트리는 상상. 우리는 아닌 밤중에도 너 어두운 밤을 향해 활강하는 꿈을 꾸지. 저 밑바닥에는 무엇이 있을까. 우리를 사로잡는 가짜들아. 지구야.

파라핀의 마음으로 뚝뚝 떨어지고 싶어. 실리콘 인간들아, 아이들아. 모든 자연과 활성이 존중받기를. 우리 소원은 무거워지는 것. 몰래 켠 초에서 케이크 향이 난다. 우리는 녹아 우리는 플라스틱 바다를 뒤덮는 부드러운 선크림들. 여기에 실리콘 인간이 있었다. 우리가 펼쳐진 모양을 따라 하얀 테두리가 쳐진다. 둥둥 떠다니는 그림. 바다에 누웠고 우리 머리에서 상상과 이미지들이 주르륵 빠져나간다. 눈앞에서 혜성이 나타났다가 곧바로 소각된다.

시도

뭍으로 나오니 빈터였다. 뙤약볕이 쏟아졌다. 아가미를 벌리자 머금고 있던 오래된 바다의 시취가 거품을 뿜으며 빠져나갔다. 입술 사이로 공터의 빈 적막이 채워졌다. 손이 시리네. 원시 지구의 숨으로 입안을 시원하게 헹구고. 서늘한 기운이 이마를 짓누르고. 나는 해변에 선분을 하나 그었다. 아무도 없다. 경계하는 자도 선량한 자도. 한 발 내디디니 발목까지 진흙이 차올랐다. 파충류처럼 눈꺼풀을 덮었다가 거두었다. 잠시 발끝의 온도를 가늠했고 그때 시도란 좋은 것이로구나, 생각했다. 타서 죽고 목말라 죽고 배고파 죽고 무서워 죽는 땅에서 나는 아무데서나 자고 아무거나 주워 먹었다. 밤낮으로 걸었지. 여러 날을 내키는 대로 일어났고 마음껏 잠을 청했지. 머리 위로 먹구름이 드리운다. 빠지려는 듯이 바다를 향해 흘러가네. 걸어도 걷는다. 파랗고 어린 불빛이 나의 이주를 축하해주는 것 같아. 문을 열겠습니다. 방백과 함께 문고리를 돌린다. 이윽고 바닷물이 닫힌다. 걷다보면 등장할 문들. 그저 앞뒤 없는 교각들. 그것을 열면 쏟아질 충동들. 누군갈 만나면 내 이야기를 전할 수 있을까. 고개를 드니 창백한 푸른 점 하나가 이제야 나를 발견한 듯 깜빡거린다. 집은 교각이 되고 교각 위에 사막을 짓는 나. 여기서 다시 태어난다.

산과 나

죽은 자전거는 새가 된다. 또 돌산이 나왔다. 불 꺼진 마을회관과 방앗간을 지나쳐 내리 걷는 것이다. 이것은 산책이 아니다. 섬이 빈 아가리 같았다. 우비를 입고 우리는 독각귀처럼 걸었다. 그때 자전거를 세워두지 말걸. 한 친구가 울상을 한다. 거울을 통과하는 거울같이 자기를 거듭하며 나타난다. 밤에는 새의 형체에서 떨어져나온 울부짖음만 사위를 어둡게 한다. 바람이 다른 한 친구의 수족을 허공으로 들어올렸다. 그곳에서 물기 어린 복제 영혼들을 찾기라도 한 듯이. 가장 부자연스러운 건 나였다. 돌산이 턱밑까지 쫓아왔을 때 난 버려진 새장을 떠올렸다. 모기장이었을까. 친구들이 갸우뚱한다. 어둠 속에서 흰색 세단이 속도를 줄이며 다가왔다. 어디까지 가세요? 태워다드릴게요. 우리는 손목과 발목을 자유자재로 꺾으며 말했다. 거기에 가면 죽도록 혼나고 말 거예요. 그게 그거지만. 근데요. 오다가 혹시 미친 자전거 하나 못 보셨어요? 차주 커플은 이빨 없이 히죽 웃는 우리를 불쌍히 여기며 잠시 슬퍼했다. 커플은 애도하는 한숨을 쉬었다. 그들은 둘이어서 살았다. 다시 끔찍한 얼굴로 돌산이 나타났다. 새의 행방을 모르는 채. 친구가 어깨에 손을 올렸다. 나도 다른 친구의 어깨에 손을 올리고 박자를 맞추며 걸었다. 검은 산은 우리의 원본이 아니다. 말한다. 우리는 함빡 젖은 아가리를 향해. 말한다. 도려진 그림자 밑으로 걸어들어갔다. 말한다. 반듯하게 개진 반전된 세계로 걸어간다. 우리의 의지로. 말한다. 아귀가 새를 잡아먹는다. 새의 울음이 뜯어먹힌다.

사이

 돌무더기를 헤쳐 입장했다. 이곳은 우리의 안식처. 디도를 따라 이곳에 자리잡은 사람들이 순전한 자립심으로 살아가는 곳. 원시적인 스타일로 끝없는 초록 텐트가 이어졌다. 마을을 이룬 우리가 공동묘지 같은 유대감을 나누었다. 서로의 텐트를 침범하지 않고 어깨너비 사잇길을 유랑했다. 도깨비불 아닌 손바닥만한 아기 비석을 끌어안고. 각자에게 돌은 기념비이자 졸업 선물이었다. 이곳에서 내쫓길 미래를 대비하여 간직해야 하는 것. 그러다가 움푹 땅이 꺼진 것이다. 거인들의 나라에서 우리 몸 위의 섬이 단단하다. 지나가는 거인들이 하나둘씩 섬을 쌓아올렸다. 더러는 우리를 의식하기라도 하는 듯 합장하며 기도하기도 했다. 거인이 거인에게, 섬과 섬이 위태롭게 쌓여가고 밑에서 우리는 한 가지 사실을 깨닫는다. 거인들의 게임은 나쁜 숲을 만든다는 것. 바람이 불고 거인들이 점프한다. 돌이 쓰러졌다. 그러다가 우리 중 하나가 돌이 아닌 곳으로, 지하세계로 굴러떨어진다면…… 모두가 고개 숙여 추모하는 숲. 머릿돌이 어떤 수렁으로 굴러떨어지고 지상의 돌은 위태로워지는, 굴러온 우리가 박힌 우리를 빼내는, 한 사람 빠진 텐트. 그곳 틈바구니에 가끔 빛이 고이곤 했다. 누군가 그것을 태양의 침이라고 불렀다. 함부로 탐낼 수 없는 사회의 빗물받이. 원시적인 초록 인간들. 버려진 시간만큼 이끼가 끼기 시작했다.

쌓기

그는 석수의 아들이었다. 평소와 다름없이 미간을 좁히고 돌을 빚던 그는 어느 날 돌연 이렇게 외치고 집을 나왔다. 나는 돌이 되지 않으렵니다. 품안의 그 돌이 푸석돌임을 예감한 아들과 지그시 대문만 쳐다보시던 아버지. 왼손으로 정을 쥐고 오른손으로는 망치질을 이어나가신다. 화석으로 박제된 누군가의 정성이 쪼그려앉은 뒷모습만을 남기고 원경으로 멀어지는…… 그런 장면이 있으리라 짐작하며, 그와 서원을 산책했다. 편액에 쓰인 한문을 더듬대며 발음하는 나의 등뒤에서, 그는 뜨락에 세워진 비석을 바라보고 있었다. 온몸으로. 비석에 새겨진 단단한 글자들을 그가 맞고 있었다. 얼마나 많은 돌이 채워졌을까. 나와 그의 위에. 싸락눈이 내렸다. 금방이라도 좋은 돌을 찾아 떠날 것만 같고. 그런 그가 걷는다. 순간, 내가 아는 여러 단어가 불규칙하게 쏟아져 목전에 흐트러진다. 한국민족문화대백과에 따르면 '석수(石手)'란 돌을 다루어 어떤 형상을 빚거나 물건을 만드는 사람을 뜻한다. 석수의 손을 거친 돌덩이는 최종적으로는 석수 자신이 모르는 돌이 되어 모르는 곳에서 영영 침묵하겠지. 그럴 것이다. 카페로 향하는 돌담길. 서원을 둘러싼 대나무 숲에서 서슬 퍼런 고함이 들린다. 떠나는구나, 버리지 못한 돌들. 돌탑에서 떨어져 나온 몇 개의 돌덩이가 길가에 흩어져 있고. 그와 나는 어긋나게 걷는다. 다른 모양의 발자국들이 오래된 비망록처럼 켜켜이 쌓인다. 우리는 허술한 장벽이 되어 앞뒤를 모른 채 등지고 서 있는 사람들. 모르는 돌이 모르는 돌에 쌓인다. 발에 차이는 익숙한 돌은 못생기고 낯선 돌 곁으로 굴러간다. 나는 그에게 뭐라고 해줄 말이 없네. 매너 있게 문을 열어주는 그에게 싱거운 눈웃음 지어줄 수밖에. 이러나저러나 석수의 아들인 남자. 무언갈 잃어버린 사람처럼 서 있다. 등뒤로 몰래 작고 옹골찬 돌멩이, 여태 쥐고 있을 사람 같다.

제리와 나

　최종 합격 명단에 시골쥐들이 있었다. 인사처는 "시골쥐만의 대담함이 당사의 인재상에 부합했다"라고 밝혔다. 봇짐에 응원봉을 넣고 시골쥐들은 기차에 몸을 실었다. 작은 심장이 한 겹씩 벗겨지는 기분이 들었다. 두근거렸다. 먼지바람을 일으키며 돈 십만 원이 날아갔다. 시골쥐들이 찍찍대며 웃었다. 아주 쥐 소굴이었다. 제리는 귓구멍에 에어팟을 쑤셔넣고 창에 머리를 받쳤다. 불투명한 냉기가 전해져 뇌 속까지 옹졸해지는 느낌이었다. 제리는 어렸고 ABBA의 가족적인 서정시를 좋아했다. 제리와 친구들은 목적지까지 문제없이 도착했지만 자꾸만 서로의 호주머니를 뒤적였다. 깜빡 두고 온 건 없는지 혹시나 퀴퀴한 동지애 같은 걸 가져와버린 건 아닌가 불안해했다. 제리는 투쟁적으로 빛나는 리본 머리핀을 빼서 봇짐에 숨겼다. 오후 늦게 제리는 어렵게 구한 셋방에서 말라비틀어진 사과를 먹었다. 서울쥐들은 이런 게 맛있어서 먹는 걸까, 제리는 고민했다. 출근용 도시락에 남은 사과를 던져 넣고 제리는 시골쥐들을 떠올렸다.

　하지만 간밤에 회사가 작살났다. 대표는 인터뷰를 통해

자신의 속내를 털어놓았다. 실은 시골쥐들이 너무 엉큼하고 앙칼져서 겨드랑이털을 제모시키는 데 실패했습니다, 국민 여러분께 심심한 사과의 말씀을 드립니다. 제리는 뉴스를 보다가 화들짝 놀랐다. 자기도 모르게 겨드랑이를 만지면서 생각했다. 나한테 이렇게 독보적인 털이 있었다니. 다음날 제리는 마을에 흩어져 살던 시골쥐들을 끌어모아 말했다. 우리의 겨드랑이털을 지키자, 앞으로 아무때나 손을 들면 안 되는 거야 알겠니. 시골쥐들은 지나치게 얌전했고 말을 잘 들었다. 알고 보니 요조숙녀 캐릭터였던 제리도 마찬가지였다. 그날부터 시골쥐들은 술도 끊고 밀가루까지 참아가며 겨드랑이털을 풍성히 사수했다. 상황이 불리해지자 사측은 말을 바꾸기 시작했다. 부인할 것과 부인하지 않아도 될 것을 구분하지 못했다. 종국엔 부인할 것이 부족해 극단적인 선택까지 했다. 바가지에 썩은 사과를 푸지게 담아 대표가 그것을 뒤집어쓰는 퍼포먼스로 여론을 잠재우려 했다. 대표는 자사의 자랑거리인 썩은 사과를 말끔히 다 먹어치우는 모습을 보여주었고 세간을 떠들썩하게 했다. 세상 사람들은 사정이 녹록지 않아 그랬을 거라고, 오죽했으면 말랑한 무릎까지 꿇고 챌린지 릴스를 찍어 올렸겠느냐고 수군거렸다. 대표는 탈이 났고 전략은 제대로 먹혔다. 대표가 환자가 되었다는 소식을 듣고 제리는 잠시 뒷골이 무지근해졌지만 곧 침착하게 사건을 하나씩 나열하기 시작했다. 망할 놈의 회사가 우리를 가지고 바이럴

이나 하다니, 즉시 제리는 전국의 시골쥐들을 모아 화상회의를 열었고 그들에게 자기 생각을 있는 대로 전했다. 시골쥐들은 자신의 겨드랑이를 매만지며 그동안 잊고 있었던 무언갈 떠올렸다. 그때 제리가 팔을 번쩍 들고 소리쳤다. 우리 쥐새끼들의 힘을 보여주자! 보여주자! 제리가 선창하자 천벌받을까 주저하던 다른 시골쥐들도 만세하며 복창했다. 쥐새끼들의 힘을 보여주자! 보여주자!

제리와 시골쥐들은 셋방에 숨겨두었던 응원봉을 꺼내들었다. 무사의 눈빛으로 검처럼 반짝이는 응원봉을 바라보다가 그들은 광장으로 내달렸다. 이제는 쫓겨나지 않아. 나는 대담한 게 매력인데. 제리는 광대를 치올리고 발을 굴린다. 익숙한 벽장을 달려나간다. 제리를 필두로 시골쥐들이 파워레인저처럼 서서 학익진을 쳤다. 딱히 누군갈 포위하기 위해서는 아니었다. 단지 팔을 높이 쳐들고 응원봉을 빛낼 뿐이었다. 제리는 응원봉의 언어로 단결의 의사를 밝혔다. 우리가 보고 배운 게 이런 겁니다, 우리는 본색을 속이지 않습니다, 만세! 만세! 시골쥐들이 합창했다. 거짓말쟁이들은 들어라, 더이상 악취 나는 쥐새끼들을 무시하지 말라, 만세! 만세! 우리에겐 고린내 나는 치즈 한 장이 남아있다. 만세! 만세! 만만세! 제리 머리에 달린 리본이 광장에 나온 이러저러한 협회의 깃발들에 섞여 흔들거렸다.

공과 나

나는 이제 이 골목의 너비만큼 시를 쓰려고 한다. 시를 써야 할지 말아야 할지 같은 고민은 인생의 체력을 갉아먹기만 하지. 나는 이 골목이 난생처음이고 골목에는 농구공만한 공이 하나 놓여 있다. 치워야겠다는 생각 혹은 그냥 피해가야겠다는 생각 따위 들지 않는다. 공은 갑자기 고마운 존재. 생각이 골목에서, 공이 골목에서 곤란을 마주하는 정황. 골목의 기울어짐이 안정적이라는 사실 외에는 공의 미래를 가늠하기 어려운. 이곳을 지나쳐야만 하는데…… 시멘트 바닥에 잠자코 놓인 이 공의 밑동, 그러니까 발아래 암매장된 시체가 있을까 상상하다보니 공은 어느 날 갑자기 세상에 밝혀진 끔찍한 비밀 같고. 더는 말할 수 없는 그것이 완벽한 구 형태로 심장과 바꿔치기 된 정황. 두근거린다. 왜 대로변 싱크홀 공사는 끝남이 없는 걸까. 사람들이 몰려들지도 몰라. 나는 이 골목의 너비를 기억하며 눈을 질끈 감고. 훌쩍, 공을 뛰어넘는다.

없다

 면내 예배당. 성인 남성 평균 신장을 기준으로 네다섯 사람 정도 쌓을 수 있는 높이의 남향 건축물이다. 예배당 출입은 수직으로 넓은 흑색 철문을 통해서만 가능하다. 철문 상부에 쓰인 문장 하나. 희망은 난데없는 것. 오후 세시. 작은 창문 너머로 햇빛이 한 줄 그어졌다. 그 빛에는 아무런 향이 없다. 남자가 기도한다. 두번째 줄 창가에 앉은 남자는 눈을 질끈 감고 손깍지를 꼈다. 남자는 묵상한다. 남자의 미간은 이면지처럼 구겨졌다. 남자의 처진 눈가 주름 사이로 희끗희끗 보이는 검버섯들. 신선하지는 않아도 끈질기게 남아 눅진한 향을 남긴다. 남자의 이마가 검붉게 탔다. 주님의 은총. 철문으로 바람이 들어온다. 오래된 오르간 악보가 한쪽으로 쓰러지는 소리가 들린다. 남자는 오랫동안 한곳에 앉아 인기척 없는 미사를 지낸다. 순간 남자가 고개를 쳐들자 스테인드글라스에 굴절된 은총이 남자를 비춘다. 이마를 짚어주는 알록달록한 손길. 남자는 무감한 표정을 짓는다. 남자의 뒤통수에 한기가 서린다. 남자는 자세를 유지하며 생각한다. 나는 아무것도 모른다. 그저 간단한 미움을 알게 되었을 뿐이다. 일몰 시간이 되자 남자는 예배당을 나온다. 바깥은 아직 추운 봄이다. 해가 길어졌다. 재개발 지구인 예배당 주변은 공사 소리로 번잡스럽다. 카페거리가 생긴다던데. 남자가 패딩을 벗는다. 남자는 신이 도망친 어떤 도시의 기구한 운명을 복기한다. *나는 널 이해했다. 나는 널 사랑했다.* 그 섬세한 빛 때문에 모두가 타죽었다지. 남자가 킁킁 냄새를 맡는다. 근처 보리밥집 대들보가 썩는 냄새. 다방에서 원두를 태우는 냄새. 포클레인 지나간 흙냄새가 난다. 여기에는 냄새만 있다. 남자가 콧잔등을 비비며 첨탑을 응시한다. 조금씩 사라져가는 햇빛. 그 빛에는 아무런 향이 없다.

화원과 나

통신사 일행은 일본행 경유지에서 먹고 자고 마신 일들을 상세히 기록했다. 그러니까 수백 년 전에는 현재 평범한 주택가에 불과한 그곳이 그들의 마지막 임시 정류소였다.

한일 수교 육십 주년을 기념하여 특별 기획전이 열렸다. 입구에서는 당시 통신사의 경유지를 상상하여 구현한 부스들이 줄을 이었다. 행사용 천막 아래에서 한복을 입은 사람들이 얼음 띄운 꽃차와 여러 색의 꿀떡을 나눠주었다. 꿀떡에서 흑설탕인지 잣가루인지 모를 것들이 씹혔다. 오래도록 꿀떡을 씹으면서 문득 사행원을 맞이하는 그때 마을 사람들의 기분을 짐작할 수 있었다.

와르르 밀려들었다가 소리 아닌 공간만 남기고 사라지는 게 축제였다면 따라가고 싶을 만큼 자극적인 빈 수레를 보았겠군. 가끔이지만 개떼같이 싸우는 척을 한다. 이왕이면 패싸움의 형태가 신선하고 좋다. 판 크게 싸우고 나면 이상하게 개운해진다. 반드시 피 튀기며 싸우란 법은 없다. 서로 겁주는 사람만 있을 뿐 겁내는 사람은 없다. 그 점이 가장 마음에 든다.

한양에서 에도까지 단판싸움을 걸고 사행원들은 초과 근무를 했다. 주사위를 굴리듯 사행원들이 굴려졌다. 던지는 방향을 따라 사행원들은 부산을 찍고 오사카를 찍고 에도에 도착했다.

행렬도에는 무인도가 없었다. 우주 정류장처럼 휴식할 곳도 없었다. 공처럼 불쑥 튀어오른 사행원들이 평범한 사람들 앞에 톡 떨어지는 형국이었다. 그중 누구도 달릴 힘이 없었다. 다음 베이스캠프가 고지에 있었다. 맞은 적도 없는데 온몸이 쑤셨다. 그래도 걸었다. 또 걸었다. 자꾸 튕겨나가는데 집으로 돌아오는 사람은 없었다.

이들을 배웅하는 경유지 사람들을 떠올려본다면 이렇다. 흥분시키는 일이 좋다. 이런 구경거리를 알려주지 않는 사람은 나쁘다. 힘내서 달마 포토카드에 사인을 해주었으면 좋겠네. 오늘도 능력자들이 요란하게 죽어난다. 그래서 누가 이겼다고?

조선 통신사 초상화첩에는 이상하리만큼 표독스러운 느낌을 주는 사행원들이 많았다. 어쩐지 등허리가 굽은 모양이었으며 모로 난 백색 수염엔 아무나 말 걸면 죽여버릴 것 같은 매서움이 거무죽죽하게 물들어 있었다.

나는 그들의 매콤한 번뇌가 좋았다. 거기에는 획이 있었으니까.

화원들은 습관적으로 사인을 남겼고 외로움에 사무쳐 평범하게 말하는 방법을 까먹었다. 그들은 시로 말했다. 구슬픈 하루에 한 획을 그었네.

어이없게도 이들 역시 유행을 좋아했다. 오언시는 외로움을 표현한 줄임말이어서 신조어처럼 퍼졌다. 많은 것이 너무 사소해서 조용한 공간에 보관되었다.

어린애들이 전시실 강화 유리에 입술 자국을 남겼다. 날이 어두워지자 나들이 나온 가족 관람객들이 고분으로 향했다. 나는 나와의 싸움을 계속했다. 나는 나와 벤치클리어링을 한다.

유리에 비친 투명한 내가 과로했지만 씩씩하게 서 있다. 이건 축제니까 두려워할 이유 없다. 사람들이 뿔뿔이 흩어져도 나는 격투기 선수처럼 땀 흘리며 서 있다.

4부
늘 극복하는 아침이길 바랄게요

해변에서

눈이 간지러워서
해변으로 갔다
화창한 날씨
눈부신 바다
환한
사람들
수평선만큼 기복 없는 해변의 감정
너무 밝다

해변을 산책하던 나는
반짝이는 모래알 사이에서 보았다
그것은 눈알
실금 없이 깨끗한 눈알
바다에서 떠밀려온 유리병도 아니었고
피서객이 흘리고 간 유리구슬도 아니었다
파도가 칠 때마다 움찔거리는 그것은
오점 없이 깨끗한 눈알

고개를 숙이고 있으니

햇살에 인상을 찌푸리지 않아도 괜찮았다
이제 화창하지 않다
내가 만든 그늘서 눈알은
부릅뜨기 좋은 상태
그러나 내 뒤로 사람들이 지나갈 때
눈알은 움찔거렸다

어떻게 이곳에 오게 되었을까
해초처럼 누워서 왔을지도 모른다
누군가의 유언일지도 모르고

그때 배운 것 같다
사랑하지 않고도 빠져 죽는 마음
떠오른다
어떤 이의 어리숙한 얼굴
꼭 죽을 것만 같았던 사람

아니 그것은 죽은 것
혹은 벗어놓은 것
떠밀려온 것
유유자적
흘러온 것
눈알은 하나뿐이어서

눈물을 흘리고 있다
누구를 위한 눈물인지는 알 수 없다
다만 걱정될 뿐이다
메마를 것 같다
언젠가
미끈한 눈웃음 짓던
사람을 사랑한 고래가 그랬듯이

모래사장을 맨발로 걷다보면
무언가 밟을지도 모른다는 두려움이 있다
세상에 막 내던져진
작은 눈빛
오늘은
어느 때보다 화창한 날
어디에도 흐린 곳 하나 없다

너무 밝다

최선을 다해
기지개 켜는
눈알의 의지

찬

테이블 위에 푸르른 동양풍 찻잔과 빈 그릇이 엎어져 있다
그것을 보고 있다가
앞 테이블에 앉은 두 여인을 보았다
여인들의 피부는 찻잔만큼 창백했다
어두운 식당을 밝힌다

여인들은 나지막이 대화중이었다
초록 원피스는 조금 추워 보였으나
회색빛 셔츠는 머플러까지 꽁꽁 두른 상태였다

그들은 아마도
창가에 버려진 갈색 코트에 관해 이야기하고 있을 것이다
음식이 나오기 전까지
찻주전자와 빈 그릇만을 사이에 두고

그것이 아니면
뒤 테이블에 앉은 노부부에 대해 이야기하고 있을지도 모른다

창으로 햇빛이 기울어졌다
많은 대화를 가르고 사람들을 비추는 햇빛
그리고 시선
나는 음식을 기다린다

식당은 어수선하다
찹 수이는 인기가 많은 미국 요리
내가 듣고 싶은 건
찻잔과 빈 그릇이 채워지는 소리
빈 그릇을 뒤집는다

회색빛 셔츠가 페도라를 벗어 창가에 엎어둔다
그것이 가리고 있던 여자의 붉은 머리카락
그제야 완성된 것 같다

찻잔도 마저 뒤집어주려다
가만히 찻잔의 입술을 쓰다듬는 나

식당은 하나의 지구본처럼 바쁘게 돌아간다
한국인인 나와 두 명의 백인 그리고 중국계 노부부
여인들의 테이블에 음식들이 서빙된다

차곡차곡 쌓이는 인간의 역사같이

따뜻하지 않은 음식 없다

저 멀리서 중국인 직원이 내게 눈짓으로 말을 건다
잠깐만 기다리세요
정확하지는 않지만

나는 계속해서 찻잔의 입술을 쓰다듬는다
갈색 코트의 주인이 어딘가에서
떨고 있지는 않을까
못내 염려하면서

지금인가

흠뻑 숨을 참았고
나는 오늘 잊혀졌나요

두 팔을 휘감고 지나가는 물고기떼
어디로 몸 바꾸러 가나요
인간에게만 보이는 것
붉은 지느러미 부드럽게 흩어지고

고대의 어느 철학가는 발가락 골절을 견디다못해
숨을 콱 깨물고 죽었다고 한다

맨발에 흙모래 한줌 끼얹으며 생각했다
이게 다 무슨 사상인가

계곡에는 이미 오래전부터 많은 사상가가
영혼의 다른 눈을 감고 떠다녔다
몸이 불어버렸네

지금인가

발이 닿지 않아 버둥거리자
물고기떼가 말한다

성질머리하고는
내 몸의 절반은 얕은 물이다

숨을 무언가로 등가교환하기
천칭에 오를 수 없는 나의 숨

지금이 되기까지
이 분 채 남지 않았다

공터에서

우린 모두가 아종이라서
칭얼대도 된단다

노을에 입혀진 것처럼 공터는
포근한 얼굴을 하지

지나는 사람들을 바라보는데요
집도 없고
몸도 없지만
나는 다행입니다

발라진 살점
개개풀린 두 눈
나를 휘감고 돌아가는 모자람
몇몇

그렇게 살면 곤란합니다

한 문장 흘려 쓴 구름형 말풍선 하나

수영모처럼 쓰고 다녀요
아무도 상처받지 않아요

걷는다
공터에 거품이 가득하길 바란다

슈퍼맨처럼 공터를 일곱 바퀴 반 돌면
분명 제정신은 아닐 거야

성을 쌓을 수 없는 모양뿐인 모래땅
무르팍 생채기 같은 붉은 하늘

공터의 냄새가 후텁지근하군요

빙빙 걷는다
걷다가
투명한 벽에 이마를 부딪힌 척 멈춰 섰다

멍하니 입 벌리고 있으면
누가 들어와 씹히고
가만히 씹다가도 먹히는

우리에게 눈이 생겨서

수족관 속 우리에게도

물밑에 버려진 미증유를 구하려고
온몸이 무지갯빛으로 뒤덮이고
해답같이 비늘은 돋아나고

그러게나 말입니다
왜 물밑인 걸까요

계속 걷는다
걷다가

고개를 휘젓는다
말라붙은 마음보다
헛헛한 공터
그게 참 밉다

너는 민물고기의 제왕
나는 멸종하는 돌고래
슈퍼맨은 그냥
외계인

우리는

공터의 슈퍼 물고기죠
대륙 모양 나룻배를 타고 떠돌고 있어요

뱅뱅 돌고
돌다가

보애지는 눈앞
동공이 커지고
얼굴은 뜨거워지고
빛을 되쏘는 몸들

아주 긴 시간
쏘가리 없는 행성

지느러미로 걷는다
걷다가

발끝으로 모래땅 한번 헤적여봅니다

서로를 붙들어 맨 우리
비슷한 척 미소 흘리기

눈 두 덩이

사람들이 눈을 굴릴 때는 조용하지
완제품 같은 생각을 만드는 중이거든
갖춰 입은 방한용품들에서 위풍당당함이 느껴지지 않니?
무한으로 스텝 바이 스텝
때를 남기고

그들이 지나온 길이 엎질러진 물 같잖아
아찔아찔하네
누군가 어질러놓은 도로들
흐트러짐 없는 사고가 몸집을 불리는 중

어린이들
비율이 엉망인 눈 인간에게 자신의 목도리를 둘러주네
머리와 배만 있고 가슴은 없는
보양 생각들

나도 나의 중간을 발견할 수 있을까?

믿을 수 없어

세상은 이등신으로 짤막하게 나누어져 있다는데

사람들이
눈 인간을 부수고 가잖아
머리만 치고 가버리잖아
웃기지 않니

눈덩이를 쌓아올리면서
털도 빠지고 두 발로 서게 됐다는 이야기

미안해
너무 따뜻해져서 좀 예민했나봐

근데 그거 아니?
그렇게 떠들던 사람도 자신의 중간은 모르고 살더래
눈 인간의 처음과 끝을 모르는 채

처음처럼 눈을 기다리고 있는 사람들
하얀 생각들이 녹아서
무구한 세상이 따뜻해지고 있으니까

무게

우물에 돌을 던졌다

벗겨진 표정이 껍질처럼 기다랗게 깎여져나갔지
미운 것은 재생되지 않았다

말은 차가웠어
수면 아래로 가라앉는 말머리들

낙석
청명한 소리 울리면 착각은 시작된다
나를 대신하여 빠져 죽는 머리 검은 악마들

희고 검다
밝고자 어두워진다

인간이 보기 시작한 최초의 색

까까머리 악마가 나를 돌아보며 빨간 사과를 베어 물었다
손끝에서 뚝뚝 떨어지는 악몽들이 동심원을 이루었지

악몽이 고인 물에 손을 씻었어

십자가에서 철거된 인간
남겨진 작품이 나를 내려다보고 있다
얼굴 너머로 번뜩이는 생각

깨어지는 머릿돌

기억에는 던질수록 멀어지고 빨라지는 벽이 있고
그것을 감싸는 각질의 무게가 있어
내가 잡아당기기도 전에 어두워진다

빌라도 역시 알고 있다
손을 씻었으므로

들키고 싶지 않은 얼굴이 수면에 떠오른다

모여서
미소 지어

막말이 현상된 폴라로이드 대신

악마들이 투신한 자리에서
미친 머릿기름이 떠올랐다

공원에서

　미래가 노크하는 아침이다
　등을 바짝 붙이고 벽을 따라 걷다가 아무래도 바닥은 있어야겠다 싶어서 의자처럼 살기로 했다

　공원을 산책하는 사람들은 그 자신이 거대한 미로 속에서 헤매고 있음을 눈치채지 못한다 걸어도 걸어도 닮은 사람들이 자꾸만 튀어나온다 부딪히고 부딪친다 더 비슷해지려고

　나는 빠르게 걷는다
　친구가 되었을까?

　앞다투어 벤치를 차지하려는 사람들이 우렁찬 발소리를 내며 달려온다 낫표를 들고 나를 쫓아온다 그리고 나를 앞지르는 사람들

　뒷발차길 당한 나는 허공에 뿌려진 흙먼지들을 소박하게 맞는다 산책하는 사람들이 빨간 범퍼카처럼 보인다 모퉁이에서 바라보는 개같은 풍경

사람들이 서로의 온도를 빼앗고 있다 미로의 출구에 가까워질수록 나는 불안해진다 저 문이 나만 보이는 거야?

 의자의 삶은 유쾌했다 산책은 미래지향적인 놀이 나는 모르는 사람들의 온도를 훔치고 다니며 시간을 허비했다 공원에서 만만해 보이는 사람들을 골라다 확 안아버리는 재미가 쏠쏠했고 오래 안은 사람은…… 방에 데려다 액자처럼 걸어놓아도 좋았다

 치마바지를 입은 소녀에게서 치마를 빼앗은 날이었다 소녀가 엉엉 울자 나는 치마와 나이를 맞바꿔주었다 손가락 발가락으로 나이를 세는 소녀를 뒤로하고 방으로 돌아왔다 모자이크 같은 반지하 풍경에 창문을 달아주었다 바람이 불 때면 치마가 인사해준다 오늘은 몇 명이 지나갔지?

 이것은 신이 내게 전수해준 생활의 발견

 보일러 온도를 높이자 방바닥에 깔아놓은 중력이 후끈 달아올라 가벼워졌다 가끔 창문 너머에서 신을 마주하기도 했다 신은 외투 주머니에 손을 찔러넣고 고개를 푹 숙인 채로 지나갔다 나도 신을 아는 척하지 않았다 그와 친구가 되기 전까지 많은 온도를 훔쳐야 하지

사람들은 엉덩이를 대충 털고 내게서 멀어진다 나는 그들이 버리고 간 종이컵을 품에 안고 한주먹거리가 된 내 기분을 살폈다

냉랭한 맛
웃음이 나오니?

무심코 옆을 돌아보았다
열린 문틈 새로 이웃하는 미래가 걸려 있었다

곡

최초의 육지동물이 그러했듯 우리는 만반의 준비를 마치고 웜홀로 뛰어들었다 강이나 바다하고는 차원이 다른 느낌

나의 목숨을 찾아서

소라고둥을 귀에 가져다 댄 그들 중 하나가 중얼거린다 여보세요 거기 누구 있죠

최초란 그런 기분일 것이다 인어 공동체를 와해시키는 주문
암초에 머리 박고 면벽하는 환생 기도

미지 공간에서 만날 진짜 부모를 예감하며 인어들은 문을 밀어젖힌다 분명 '당기시오'라고 적혀 있었음에도

비린내 나는 희망

인어들이 입고 있던 조개껍데기를 벗어 발찌를 만든다

누군가 떨어지길 바라면서

사랑스럽게 곡한다

벼려지는 비늘들
만들어진 힘줄이 산호를 따라
익숙한 뭍으로 흐르고 있었다

때

함박눈처럼 모였다가
날 밝으면 풍경으로 흐려지는 영혼들

그곳에 맞이하는 집이 있다
한 사람의 빈자리에 어떤 대소사든 채워줄 수 있고
발목 없는 사람들을 위해
장갑을 구해다 끼워주는 사람들이 산다

원래부터 그곳에 앉아 있었다는 듯이
빈 의자가 되어도 좋다
이곳에서는 모두가 서로의 배경이라서

비석을 만지면 비석은 나의 역할을 하는가
무대를 등지는 자리에 나는 일단 앉아서
누가 내 자리를 파놓은 거지? 두리번거린다

문이 열리고
장갑을 나눠 낀 사람들이 하나둘 입장한다

나는 구세군처럼 아는 척을 한다
반갑게 손 흔들다가도
쉽게 고마움을 느끼고 어색해하고

반투명한 영혼들을 담뿍 묻히고 돌아오는 길
눈사람처럼 데려온 그것들은
때가 되면 제때 잘 보내줘야 한다

더 오래된 영혼들로 씻겨져내려가는
누군가의 짙은 발자국이 있었다

둥근

물고기가 죽었다
수위가 낮아졌다

손그릇 안 나의 물고기는 맥없이 누워 있다
숨 막혔던 한 생을 마치려는 듯 훌훌 털고 부풀어올랐다
슬픔과 모양
방안은 조금 꿉꿉하다
우물대는 입술로 음독하는 주문
헤엄쳐라 헤엄치자 온몸을 펼치고
벅차오르는 명상을 한다

모양 없는 상실
모양 없는 죽음
모양 없는 후회
커다란 단어들
숨이 가쁘다

혼자서도 충분히 부풀 수 있기를
나는 동그란 당신의 얼굴이 보고 싶었다

당신을 초대한 나는 안부 대신 다른 질문을 한다
나 어떡하면 좋아요
물고기를 감싼 나의 손이 축축하다

당신과 나란히 앉아 어항을 바라보았다
어항 속으로 정연한 눈빛들이 굴절된다
우리는 무엇을 바라보고 있는 걸까
남은 물고기 다섯의 움직임이 조금 느려졌다

당신의 모양은 슬픔과 참 다른 것 같아요
동그란 당신의 눈을 나는 모른 척하지

우리는 다섯 종류의 유영을 바라보았다
다섯 개의 자유로운 별
모양이다

사각으로 반듯한 공간 아래서
각자 사랑하는 모양으로 사라지기
물고기는 기다려주지 않습니다
수족관 주인의 오래된 경고가 떠올랐다

죽은 물고기를 묻어주고 집으로 돌아왔다
어항 물 일부를 덜어내고 다시 맑은 물을 부었다

다섯 마리가 소스라친다
캄캄한 방 한구석을 반짝인다

당신은 젖은 내 손을 닦아준다
수건으로 꾹꾹 눌러준다
순식간에 낯선 마음이 채워진다

그런데도 해봅시다

아침은 시련

나는 그렇게 부르기로 했습니다

물고기란…… 긴

착시예요

섬사람이라면 다 알아요

뱀을 삼킨 고래

물고기를 타고 물고기를 잡는 고래잡이

오늘도 등대는 외롭습니다

눈알이 볼록 튀어나온 어부의 표정을 밝히면서

고래잡이는 무엇을 찾고 있는 걸까요? 아……

우리 섬의 유일무이한 관광지인 신비한 단층을 아시나요?

규칙적인 줄무늬가 특징이랍니다

고래의 뼛조각과 닮았죠

또

……

참! 물고기가 죽으면 어떻게 되는지 들어보셨나요?

자주 파도에 휩쓸리곤 했던 아이들이 생각나네요

그래도 이곳으로 늘 돌아왔죠

이곳에서 새끼를 치고 살아왔죠
우리 섬은 바다가 참 예뻐요
아침 바다는 더 예쁘고
조금 이르긴 하지만 곧 있으면 아침이잖아요
사람들은 지금 무얼 먹고 마시고 있을까요?
섬사람들은 부지런하거든요
맛있는 아침을 맞이하겠지요
아마도
노릇하게 구워진 살을 발라내면서
다른 뼈를 생각할 거예요
바다에서 자랐잖아요
우리는
이미 물고기가 되었잖아요
매일 우리를 스치는 등대보다 외로운
바다를 이해하니까요
우리가 이른 아침 바다에 원하는 것은 하나
존재한다는 착각
그저 존재한다는 것
창문 너머로 비치는 아침 바다를 보면서
자주 파도에 휩쓸리곤 했던 우리를 떠올려요
물고기를 생각하는 마음
물고기가 죽는다면
뭍에서 멀어진 쓸쓸한 줄무늬가 될 것 같은데요

그런데도

진화는 참 흥미로워요

줄무늬 파자마를 꺼내입고

괴괴하게 떠올리는 아침의 단상

물고기를 기다립니다

아침은 시련

그런데도 해봅시다

늘 극복하는 아침이길 바랄게요

박유빈의 편지

누구나 자기만의 검은 구멍에 사포질을 하며 살아간다고 생각합니다. 매번 시 앞에서 창피당하기 일쑤인 저는 한참을 씩씩거리다가도 아무것도 쓰이지 않은 하얀 바탕을 보고서 달라지는 기분을 느끼곤 하는데요. 종이에 널브러진 글자들이 단정하게 옷을 갖춰 입고 디지털 언어로 전환되는 모습을 지켜보면, 들끓던 투쟁의 열기가 서서히 식어가고 꼭 시를 쓰는 일이 몸을 곧추세우는 일처럼 느껴지며 기분이 담백해지는 것입니다. 이것은 제가 자신의 '성질머리'를 가꾸는 보통의 사이클이자 요즘 일과이기도 합니다.

저는 입속의 청개구리가 말하는 대로 시를 씁니다. 능동적인 순간도 있고 수동적인 순간도 있습니다. 나오는 대로 지껄이며 투쟁이라 이름한 때도 많지만 대부분 그냥 참습니다. 부끄러움을 씹어먹으며 고통이 걸쭉해지길 기다릴 뿐입니다. 조금 못된 화자가 하는 말을 듣고 몸속의 비평가들이 시시비비를 따지며 치고받을 때 저는 묵묵히 날아드는 욕설과 종이와 글자들을 맞습니다. 그것이 외려 당당하다고까지 느껴지는 것입니다. 파도와 바다를 맞고 벼랑이 되는 암석처럼요. 자신으로부터 잊히는 순간이 있을지언정 내던져진 나의 명랑이 언제나 외부세계보다 앞서 있음을 알기에 제가 쓰는 시는 기대보다 서툴더라도 당당한 만큼 자유롭습니다.

첫 시집을 준비하면서 걱정이 많았습니다. 알 수 없는 것들에 둘러싸여 어떤 것도 정의할 수 없는 갓 태어난 오리 신세에 무언갈 정의하려고 드는 노력이 보잘것없이 느껴졌기 때문입니다. 그런데도 보고 듣고 만지는 만큼 쓸 수밖에 없었습니다. 경상도에서 나고 자란 여성 시인으로서 저는 이미 주제를 넘어버렸으니까요. 산만하고 입이 댓 발 튀어나온 시를 좋아하는 저의 '성질머리'는 이렇게 태어났습니다.

아무것도 아니라고 생각하면 아무것도 아닌 게 된다는 마음으로 시를 쓰려고 했습니다. 실제로는 명랑하지도 우중충하지도 않은 얼굴로 시를 썼고요, 채워진 시편들에는 조금 시니컬하다 싶은 의심이 가득했습니다. 저의 시에는 '나'가 참 많은데요. 저에게 가장 소중한 '나'를 과장되지 않게 보여드리는 게 쉽지 않았던 것 같습니다. 따뜻함이 모호하고 냉랭함이 모호하고 투쟁도 명랑도 모호한 저를 세상에 내놓기가 부끄럽네요. 자주 실패하더라도 언제든 회귀할 만한 곳이 시였으면 좋겠습니다. 밤마다 자기만의 '성질머리'를 정성껏 씻겨주고 닦아주는 조금 불온한 우리가 청량한 꿈을 꿀 수 있기를, 불화하는 몸을 깨트리고 명랑히 태어나기를 바라며 당신들의 머리맡에 이 시집을 내려놓겠습니다.

Why do Korean women eat bibimbap before cockcrow

Translated by Min Ji Choi

Why do Korean women eat bibimbap before cockcrow

this is both a true story and a dream. it's so nice

before dawn ushers in the daylight.

anything goes down smooth. pleasantly down the throat.

the unfolded blanket holds impatiently onto moisture

than does the midday where nothing gets done.

parched throat allowing nothing to be done. i crave namul. cooked and dressed veggies. or more like

i'm thinking it would be better to drink them up like cooked and dressed veggies.

memory

utility of bibim. mixing.

we love precision-crafted lies. or so the saying goes

encrypted sadness made with meaningless sides.

this always required care. why for what reason

despite their non-attributable spoonfuls

are women squatting in the corner of the kitchen with the lights off

cradling their big bowls?

cannot arrive

at the reason behind it.

after i saw this scene on the TV i found an old archive

and went into laborious parsing.

it might just be fiction but it is the kind of fastidious triviality that would

happen at three in the morning.

when my teeth itch to munch i imagine eating a man. wetting my lips.

tedium.

nature's colorful

puppets ushering their hearse into the afterworld: kokdu

women i remember their shapes of mouths were tempting. flushed red

making me salivate. nothing shameful. so i

pardon sesame oil and fried egg and no more. any further addition

goes against the logic of mixing. don't want to interpret.

a mouthful of entropy sadness goes down the throat

without decryption.

cannot stop the spoon. i'm thinking it would be better to

swallow the ciphers like cooked and dressed veggies

the way pages turn themselves.

glossy appetizing ciphers coated in oil

that is

the unbelievable extra spoonful of vagueness

at dawn before cockcrow

it's

so nice.

최민지(Min Ji Choi)
서울에서 태어나 스무 살에 영국으로 가 영문학을 공부했다. 케임브리지 세인트 존스 칼리지의 하퍼-우드 문예창작 펠로우였으며, 2025년 미국문학번역가협회(ALTA) 멘토링 프로그램에 한국 시 부문 신인 번역가로 참여하였다. 현재 하버드대 비교문학 박사 과정에 재학중이다.

난다시편 004

성질머리하고는
ⓒ 박유빈 2025

1판 1쇄 인쇄 2025년 11월 25일   1판 1쇄 발행 2025년 12월 10일

지은이 박유빈
펴낸이 김민정
책임편집 유성원
편집 정가현 민윤지 정수범
디자인 퍼머넌트 잉크
저작권 박지영 형소진 주은수 오서영 조경은
마케팅 정민호 박치우 한민아 이민경 박진희 황승현 김경언
브랜딩 함유지 박민재 이송이 박다솔 조다현 김하연 이준희
제작 강신은 김동욱 이순호
제작처 천광인쇄사

펴낸곳 (주)난다
출판등록 2016년 8월 25일
제406-2016-000108호
주소 10881 경기도 파주시 회동길 210
저작권 및 독자문의 copyright_nanda@munhak.com
작가섭외 및 행사문의 innanda@munhak.com
페이스북 @nandaisart   **엑스** @wingedpoems
인스타그램 @nandaisart
문의전화 031-955-8865(편집) 031-955-2689(마케팅) 031-955-8855(팩스)

ISBN 979-11-24065-13-6 03810

○ 이 책의 판권은 지은이와 (주)난다에 있습니다.
○ 이 책 내용의 전부 또는 일부를 재사용하려면 반드시 양측의 서면 동의를 받아야 합니다.
○ 난다는 (주)문학동네의 계열사입니다.
○ 잘못된 책은 구입하신 서점에서 교환해드립니다.
  기타 교환 문의 031) 955-2661, 3580